Made in the USA
Coppell, TX
29 September 2021

63192880R00068